Impressum
Verlag: BABADADA GmbH, Nedderfeld 112 , 22529 Hamburg
Geschäftsführer / Verlagsleitung: Harald Hof
Druck: Books on Demand GmbH, In de Tarpen 42, 22848 Norderstedt

Imprint
Publisher: BABADADA GmbH, Nedderfeld 112 , 22529 Hamburg, Germany
Managing Director / Publishing direction: Harald Hof
Print: Books on Demand GmbH, In de Tarpen 42, 22848 Norderstedt

בית ספר

skola

186/2
כיתה
klases telpa
חילק
dalīt
לוח
tāfele
skolas pagalms
מורה
skolotājs
נייר
papīrs
כתב
rakstīt
עט
pildspalva
שולחן עבודה
rakstāmgalds
סרגל
lineāls
ספר
grāmata
תלמיד
skolēns

ילקוט

skolas soma

קלמר

penālis

עיפרון

zīmulis

מחדד

zīmuļu asināmais

גומי מחיקה

dzēšgumija

חוברת סרטוט

zīmēšanas bloks

2

סרטוט

zīmējums

מברשת

ota

קופסת צבעים

krāsas

מספריים

šķēres

דבק

līme

ספר תרגול

darba burtnīca

שיעור בית

mājas darbs

12

מספר

skaitlis

2+2

חיבר

saskaitīt

5-2

חיסר

atņemt

2×2

הכפיל

reizināt

חישב

rēķināt

A

אות

burts

ABCDEFG
HIJKLMN
OPQRSTU
VWXYZ

אלפבית

alfabēts

hello

מילה

vārds

טקסט

teksts

קרא

lasīt

גיר

krīts

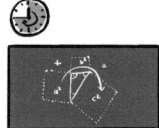

שיעור

mācību stunda

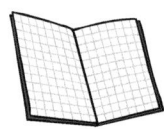

יומן נוכחות

žurnāls

מבחן

eksāmens

תעודה

liecība

תלבושת בית ספר

skolas forma

חינוך

izglītība

אנציקלופדיה

enciklopēdija

אוניברסיטה

universitāte

מיקרוסקופ

mikroskops

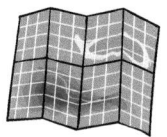

מפה

karte

סל נייר

papīrgrozs

מלון
viesnīca
הוסטל
hostelis
המרת מטבע
valūtas maiņas punkts
מזוודה
čemodāns
אוטו
automašīna

שפה

Valoda

כן / לא

jā / nē

בסדר

Okay

שלום

Sveiki!

מתרגם

tulks

תודה

paldies

כמה עולה.....?

Cik maksā...?

אני לא מבין

Es nesaprotu

בעיה

problēma

ערב טוב!

Labvakar!

בוקר טוב!

Labrīt!

לילה טוב!

Ar labu nakti!

להתראות

Uz redzēšanos

כיוון

virziens

כבודה

bagāža

תיק

soma

תרמיל גב

mugursoma

אורח

viesis

חדר

istaba

שק שינה

guļammaiss

אוהל

telts

מרכז מידע לתיירים

tūrisma informācija

חוף ים

pludmale

כרטיס אשראי

kredītkarte

ארוחת בוקר

brokastis

ארוחת צהריים

pusdienas

ארוחת ערב

vakariņas

כרטיס

biļete

מעלית

lifts

בול

pastmarka

גבול

robeža

מכס

muita

שגרירות

vēstniecība

אשרה

vīza

דרכון

pase

תחבורה
transports

מטוס
lidmašīna
אונייה
kuģis
כבאית
ugunsdzēsēju mašīna
משאית
kravas automašīna
אוטובוס
autobuss
סירת מנוע
motorlaiva
אוטו
automašīna
אופניים
velosipēds

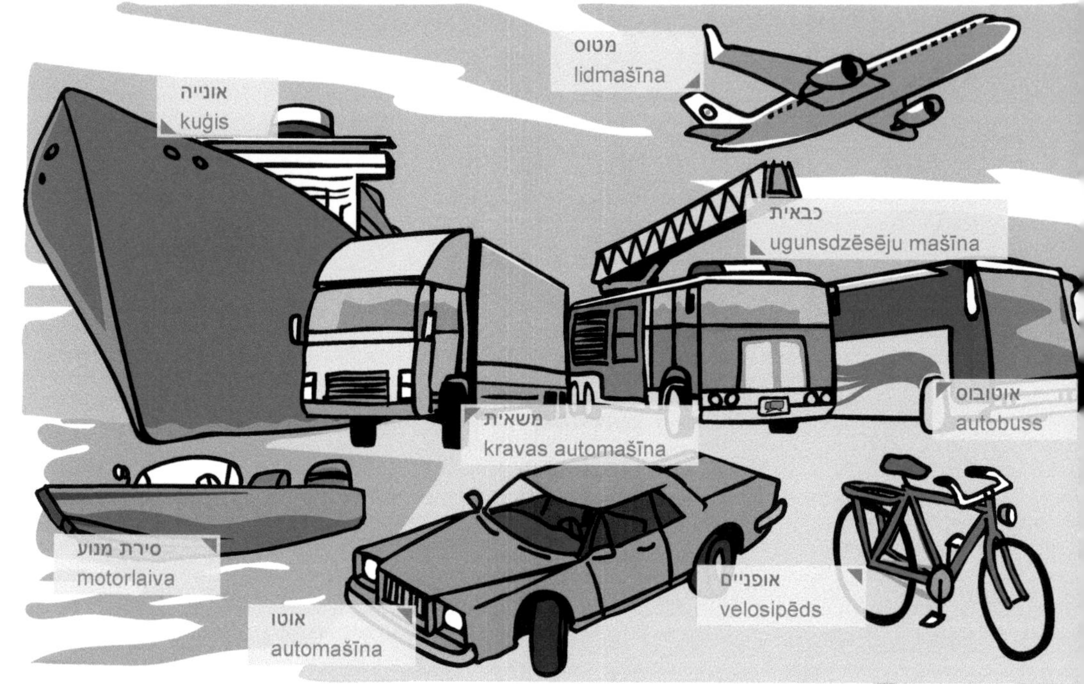

מעבורת
....
prāmis

סירה
....
laiva

אופנוע
....
motocikls

ניידת משטרה
....
policijas automašīna

מכונית מרוץ
....
sacīkšu automobilis

רכב שכור
....
nomas auto

מכוניות בשיתוף

auto koplietošana

אוטו גרר

evakuators

משאית זבל

atkritumu mašīna

מנוע

dzinējs

דלק

benzīns

תחנת דלק

degvielas uzpildes stacija

תמרור

ceļa zīme

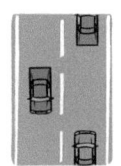

תנועה

satiksme

פקק תנועה

sastrēgums

חניה

stāvvieta

תחנת רכבת

dzelzceļa stacija

פסי רכבת

sliedes

רכבת

vilciens

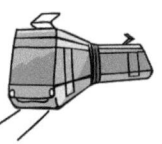

רכבת קלה

tramvajs

קרון

vagons

מסוק

helikopters

שדה-תעופה

lidosta

מגדל

tornis

נוסע

pasažieris

קונטיינר

konteiners

קרטון

kaste

עגלה

ratiņi

סל

grozs

המראה / נחיתה

pacelties / nosēsties

עיר

pilsēta

כפר

ciems

מרכז העיר

pilsētas centrs

בית

māja

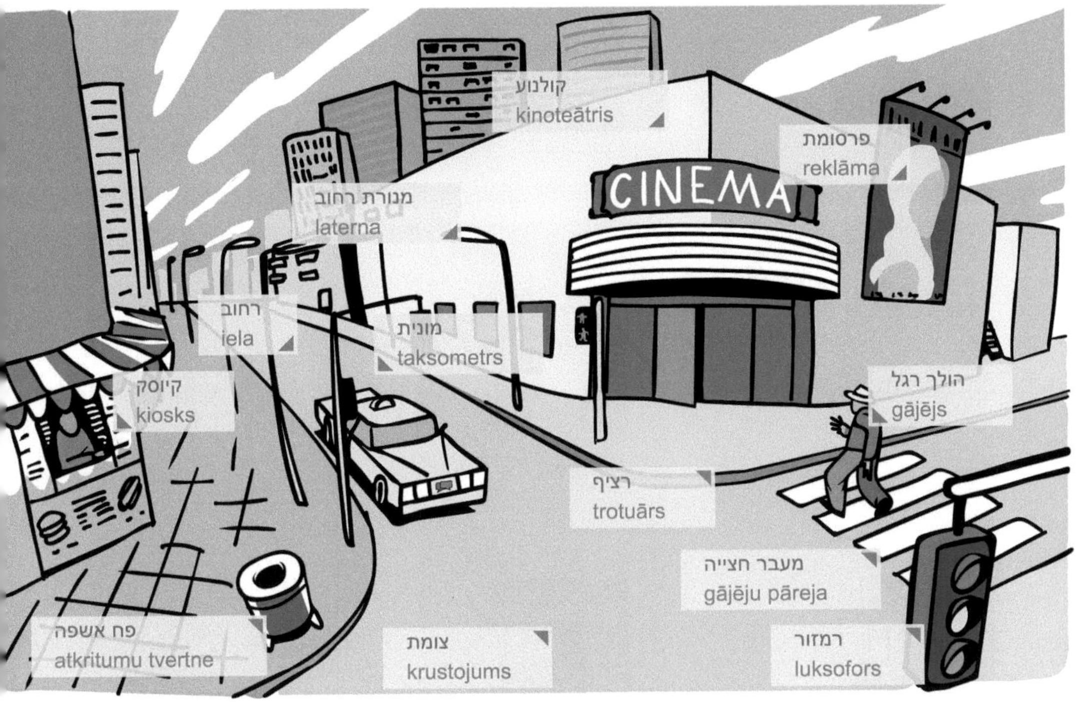

קולנוע
kinoteātris
פרסומת
reklāma
CINEMA
מנורת רחוב
laterna
רחוב
iela
מונית
taksometrs
קיוסק
kiosks
הולך רגל
gājējs
רציף
trotuārs
מעבר חצייה
gājēju pāreja
פח אשפה
atkritumu tvertne
צומת
krustojums
רמזור
luksofors

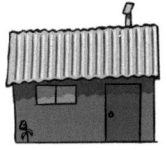

בקתה

būda

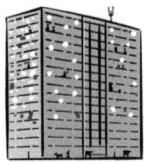

דירה

dzīvoklis

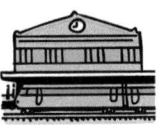

תחנת רכבת

dzelzceļa stacija

עירייה

rātsnams

MUSEUM

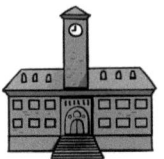

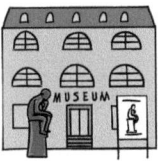

מוזיאון

muzejs

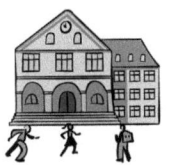

בית ספר

skola

אוניברסיטה
universitāte

בנק
banka

בית חולים
slimnīca

מלון
viesnīca

בית מרקחת
aptieka

משרד
birojs

חנות ספרים
grāmatnīca

חנות
veikals

חנות פרחים
ziedu veikals

סופרמרקט
lielveikals

שוק
tirgus

כל-בו
tirdzniecības centrs

מוכר דגים
zivju tirgotājs

קניון
tirdzniecības centrs

נמל
osta

פארק
parks

ספסל
sols

גשר
tilts

מדרגות
kāpnes

רכבת תחתית
metro

מנהרה
tunelis

תחנת אוטובוס
autobusa pieturvieta

בר
bārs

מסעדה
restorāns

תא דואר
pastkastīte

שלט רחוב
ielas nosaukuma plāksne

מדחן
stāvlaika skaitītājs

גן חיות
zooloģiskais dārzs

בריכת שחיה
peldbaseins

מסגד
mošeja

חווה

zemnieku saimniecība

זיהום

vides piesārņojums

בית עלמין

kapsēta

כנסייה

baznīca

מגרש משחקים

spēļu laukums

בית מקדש

templis

נוף

ainava

עלה
lapa

תמרור
ceļrādis

דרך
ceļš

מרעה
pļava

אבן
akmens

מטייל
ceļotājs

עץ
koks

נהר
upe

דשא
zāle

פרח
puķe

בקעה

ieleja

הר

kalns

אגם

ezers

יער

mežs

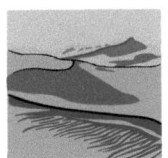

מדבר

tuksnesis

הר געש

vulkāns

טירה

pils

קשת בענן

varavīksne

פטריה

sēne

דקל

palma

יתוש

moskīts

זבוב

muša

נמלה

skudra

דבורה

bite

עכביש

zirneklis

חיפושית

vabole

צפרדע

varde

סנאי

vāvere

קיפוד

ezis

ארנב

zaķis

ינשוף

pūce

ציפור

putns

ברבור

gulbis

חזיר בר

meža cūka

צבי

briedis

אייל הקורא

alnis

סכר

aizsprosts

טורבינת רוח

vēja ģenerators

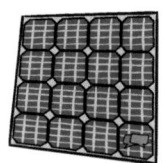

פנל סולארי

saules baterija

אקלים

klimats

מסעדה

restorāns

מלצר
viesmīlis
תפריט
ēdienkarte
כסא
krēsls
מרק
zupa
פיצה
pica
סכו"ם
galda piederumi
מפת שולחן
galdauts

מנת פתיחה

uzkoda

מנה עיקרית

pamatēdiens

קינוח

deserts

שתיות

dzērieni

אוכל

ēdiens

בקבוק

pudele

מזון מהיר

ātrās uzkodas

אוכל רחוב

ielu uzkodas

קנקן תה

tējkanna

מסכרת

cukurtrauks

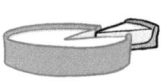

מנה

porcija

מכונת אספרסו

espresso kafijas automāts

כסא תינוק

bāra krēsls

חשבון

rēķins

מגש

paplāte

סכין

nazis

מזלג

dakša

כף

karote

כפית

tējkarote

מפית

salvete

כוס

glāze

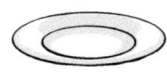

צלחת

šķīvis

קערת מרק

zupas šķīvis

תחתית

apakštase

רוטב

mērce

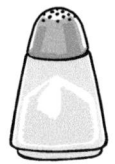

מלחייה

sāls trauciņš

מטחנת פלפל

piparu dzirnaviņas

חומץ

etiķis

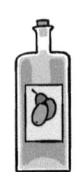

שמן

eļļa

תבלינים

garšvielas

קטשופ

kečups

חרדל

sinepes

מיונז

majonēze

סופרמרקט
lielveikals

מבצע
piedāvājums
לקוח
klients
מוצרי חלב
piena produkti
פירות
augļi
עגלת קניות
iepirkumu ratiņi

אטליז

kautuve

מאפייה

maizes veikals

שקל

svērt

ירקות

dārzeņi

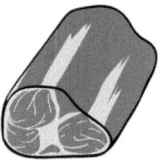

בשר

gaļa

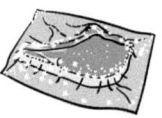

מזון קפוא

saldēti produkti

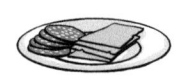

בשר קר

aukstās gaļas uzkodas

שימורים

konservi

אבקת כביסה

pulveris

ממתקים

saldumi

מוצרי בית

mājsaimniecības preces

חומר ניקוי

tīrīšanas līdzeklis

מוכרת

pārdevēja

קופה

kase

קופאי

kasieris

רשימת קניות

iepirkumu saraksts

שעות פתיחה

darba laiks

ארנק

maks

כרטיס אשראי

kredītkarte

תיק

soma

שקית נילון

maisiņš

שתיות

dzērieni

מים

ūdens

מיץ

sula

חלב

piens

קולה

kola

יין

vīns

בירה

alus

אלכוהול

alkohols

קקאו

kakao

תה

tēja

קפה

kafija

אספרסו

espresso

קפוצ'ינו

kapučīno

בננה

banāns

תפוח

ābols

תפוז

apelsīns

אבטיח

melone

לימון

citrons

גזר

burkāns

שום

ķiploks

במבוק

bambuss

בצל

sīpols

פטריות

sēne

אגוזים

rieksti

אטריות

makaroni

ספגטי

spageti

אורז

rīsi

סלט

salāti

צ'יפס

frī kartupeļi

צ'יפס

cepti kartupeļi

פיצה

pica

המבורגר

hamburgers

כריך

sviestmaize

שניצל

šnicele

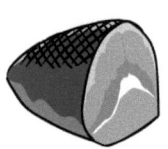

שינקין

šķiņķis

סלאמי

salami

נקניקיה

desa

עוף

vista

טיגון

cepetis

דג

zivs

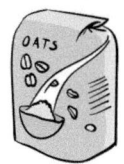

שיבולת שועל

auzu pārslas

מוזלי

muslis

קורנפלקס

brokastu pārslas

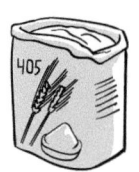

קמח

milti

קרואסון

radziņš

לחמנייה

brokastu maizītes

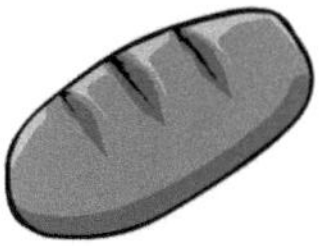

לחם

maize

טוסט

tostermaize

עוגיות

cepumi

חמאה

sviests

גבינה לבנה

biezpiens

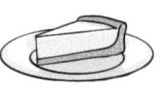

עוגה

kūka

ביצה

ola

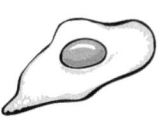

ביצת עין

cepta ola

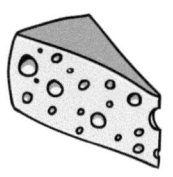

גבינה

siers

גלידה

saldējums

סוכר

cukurs

דבש

medus

ריבה

marmelāde

ממרח נוגט

riekstu krēms

קארי

karijs

חווה
zemnieku saimniecība

zemnieka māja
אסם
šķūnis
חבילת שחת
salmu rullis
שדה
lauks
סוס
zirgs
עגלת נגרר
piekabe
סייח
kumeļš
טרקטור
traktors
חמור
ēzelis
כבש
aita
טלה
jērs

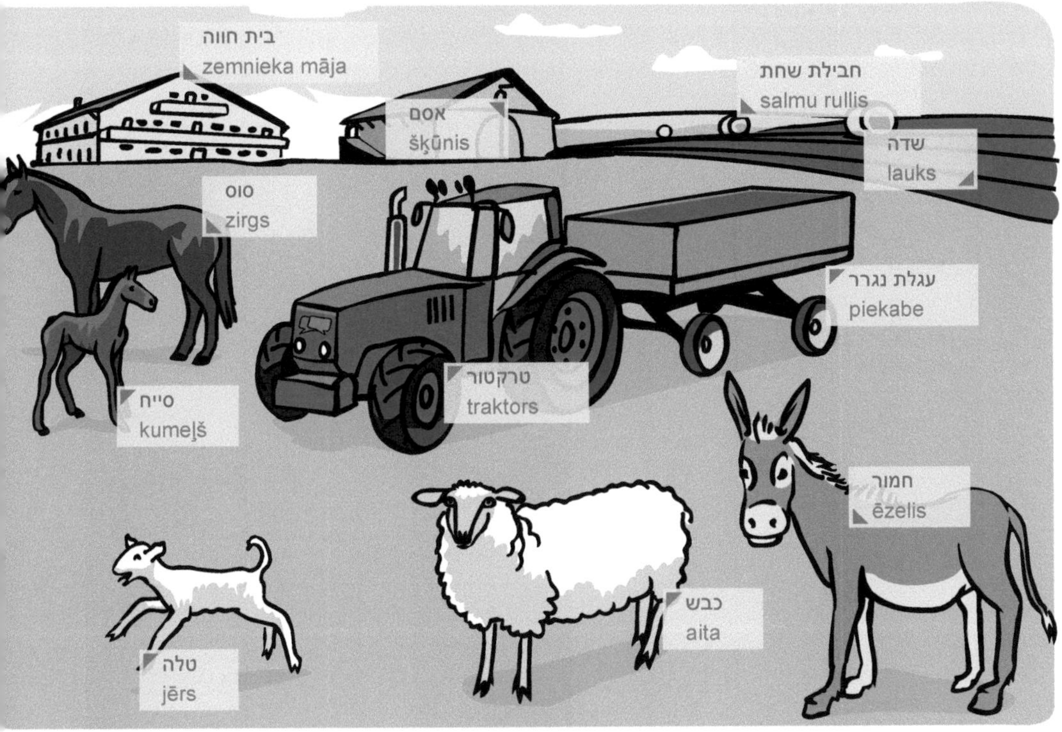

עז
kaza

פרה
govs

עגל
teļš

חזיר
cūka

חזרזיר
sivēns

שור
bullis

אווז

zoss

ברווז

pīle

אפרוח

cālis

תרנגולת

vista

תרנגול

gailis

חולדה

žurka

חתול

kaķis

עכבר

pele

שור

vērsis

כלב

suns

מלונה

suņa būda

צינור השקיה

dārza šļūtene

קנקן מים

lejkanna

חרמש

izkapts

מחרשה

arkls

מגל

sirpis

מגרפה

kaplis

קלשון

mēslu dakša

גרזן

cirvis

מריצה

ķerra

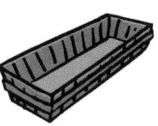

שוקת

sile

כד חלב

piena kanna

שק

maiss

גדר

žogs

אורווה

kūts

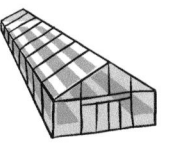

חממה

siltumnīca

אדמה

augsne

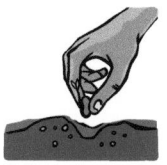

זרע

sēklas

דשן

mēslojums

מקצרה

kombains

קצר

novākt ražu

קציר

raža

בטטה אפריקנית

jamss

חיטה

kvieši

סויה

soja

תפוח אדמה

kartupelis

תירס

kukurūza

קנולה

rapsis

עץ פירות

augļu koks

קסבה

manioka

דגנים

labība

בית
māja

ארובה
skurstenis
גג
jumts
מרזב
lietus noteka
חלון
logs
מוסך
garāža
פעמון
durvju zvans
דלת
durvis
פח אשפה
atkritumu spainis
תיבת מכתבים
pastkastīte
גינה
dārzs

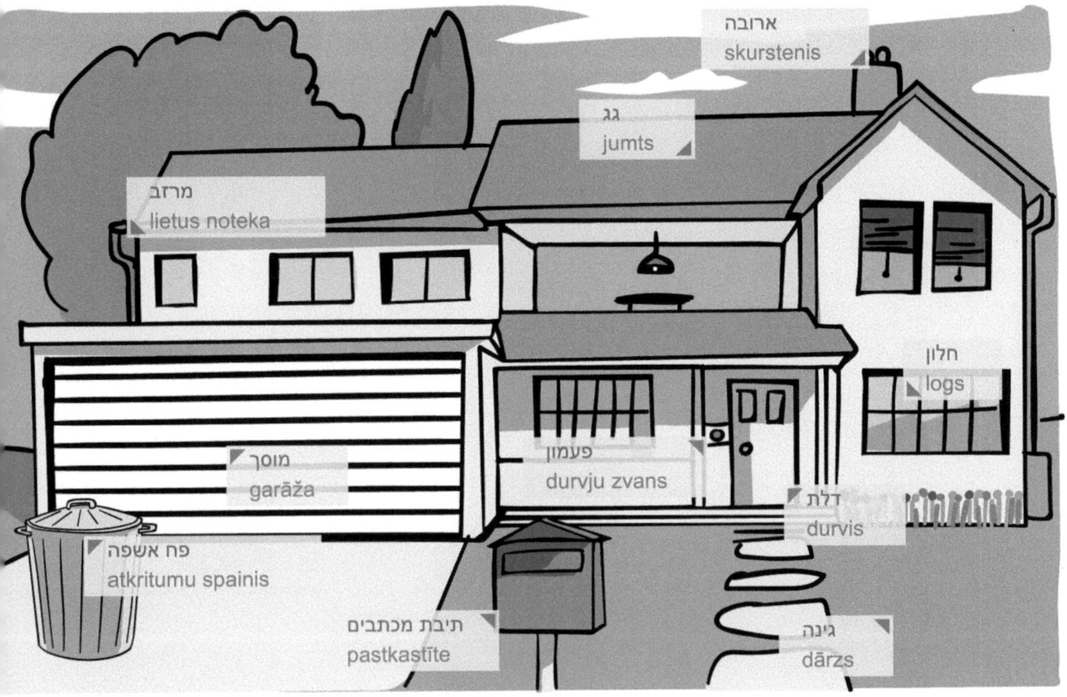

סלון
viesistaba

חדר אמבטיה
vannas istaba

מטבח
virtuve

חדר שינה
guļamistaba

חדר ילדים
bērnu istaba

חדר אוכל
ēdamistaba

רצפה
grīda

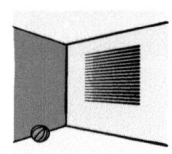

קיר
siena

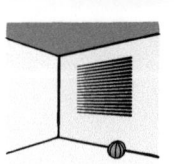

תקרה
griesti

מרתף
pagrabs

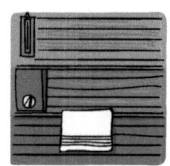

סאונה
sauna

מרפסת
balkons

מרפסת
terase

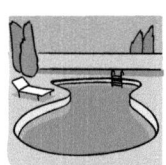

בריכה
baseins

מכסחת דשא
zāles pļāvējs

סדין
gultas veļa

כיסוי מיטה
sega

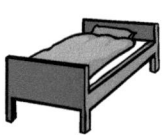

מיטה
gulta

מטאטא
slota

דלי
spainis

מפסק
slēdzis

סלון
viesistaba

טפט
tapetes
תמונה
attēls
מנורה
lampa
מדף
plaukts
ארון
skapis
טלוויזיה
televizors
אח
kamīns
פרח
puķe
כרית
spilvens
ספה
dīvāns
אגרטל
vāze
שלט רחוק
tālvadības pults

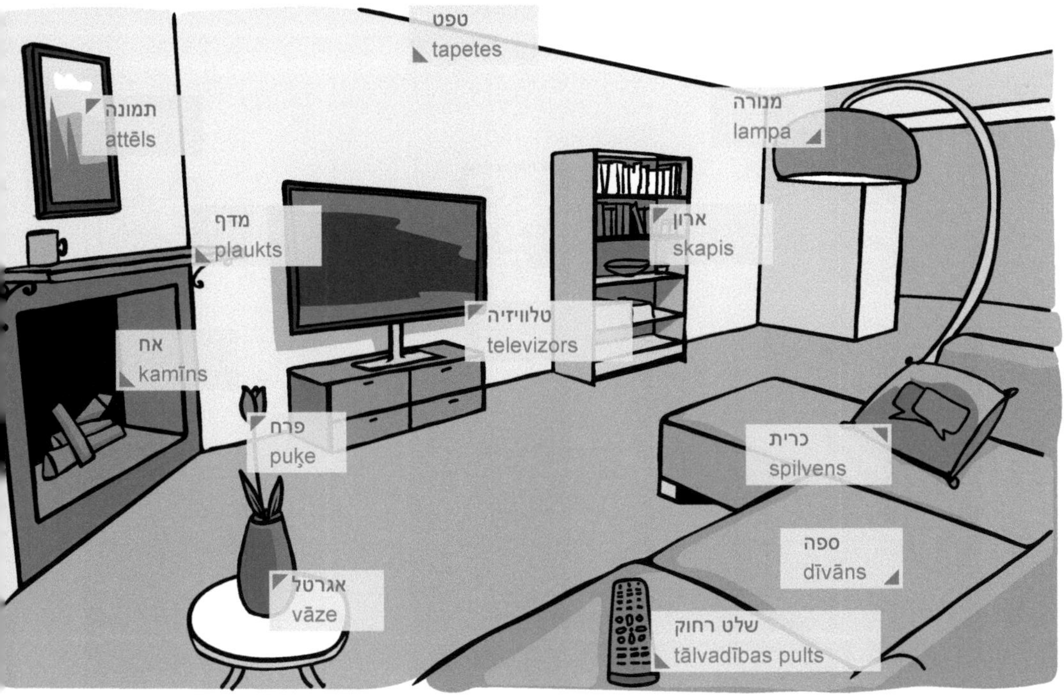

שטיח

paklājs

וילון

aizkars

שולחן

galds

כסא

krēsls

כיסא נדנדה

šūpuļkrēsls

כורסה

atpūtas krēsls

ספר

grāmata

שמיכה

sega

דקורציה

dekorācija

עצי הסקה

malka

סרט

filma

מערכת סטריאו

mūzikas centrs

מפתח

atslēga

עיתון

avīze

ציור

glezna

פוסטר

plakāts

רדיו

radio

מחברת

pierakstu blociņš

שואב אבק

putekļu sūcējs

קקטוס

kaktuss

נר

svece

מטבח
virtuve

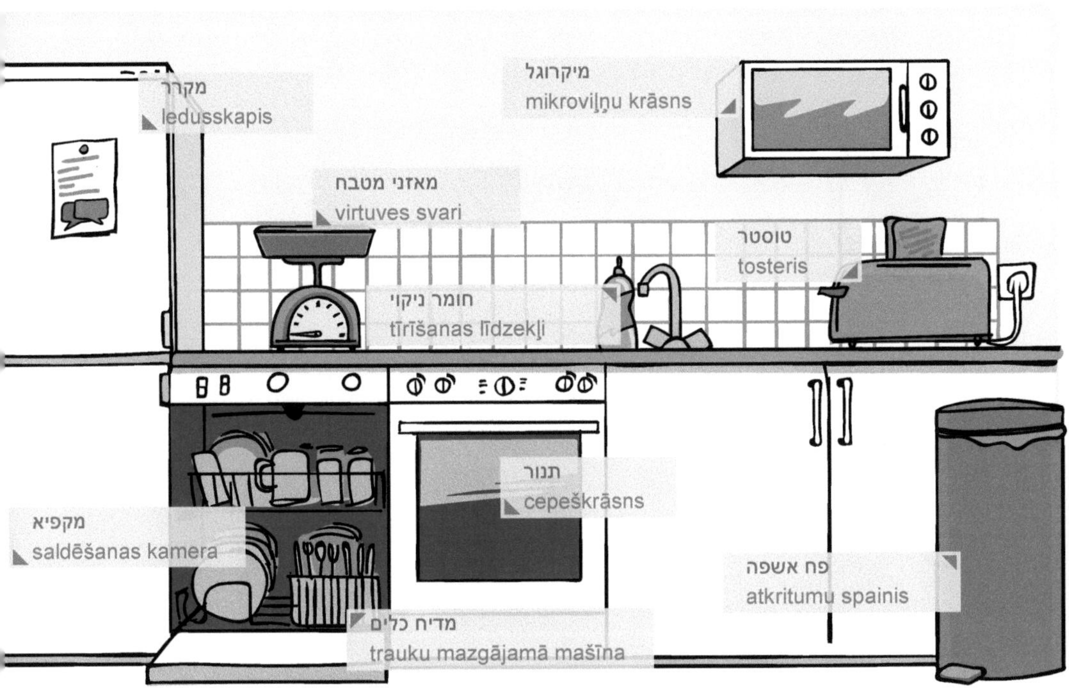

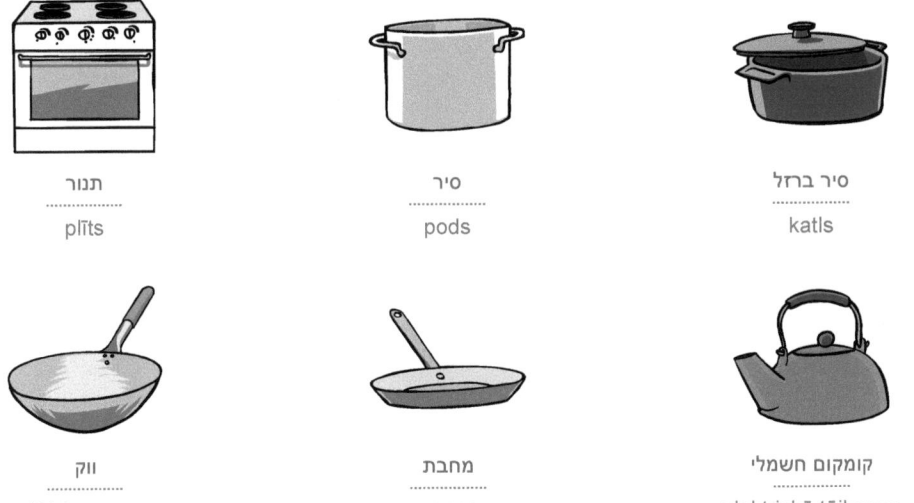

מקרר
ledusskapis
מיקרוגל
mikroviļņu krāsns
מאזני מטבח
virtuves svari
טוסטר
tosteris
חומר ניקוי
tīrīšanas līdzekļi
תנור
cepeškrāsns
מקפיא
saldēšanas kamera
פח אשפה
atkritumu spainis
מדיח כלים
trauku mazgājamā mašīna

תנור
plīts

סיר
pods

סיר ברזל
katls

ווק
Wok panna

מחבת
panna

קומקום חשמלי
elektriskā tējkanna

מאדה

tvaika katls

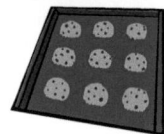

מגש אפייה

cepešpanna

כלי אוכל

trauki

ספל

krūze

קערה

bļoda

צ'ופסטיקס

irbulīši

מצקת

kauss

מרית

lāpstiņa

מטרפה

putošanas slotiņa

מסננת בישול

sietiņš

מסננת

siets

מגרדת

rīve

מכתש

piesta

גריל

grilēt

מדורה

atklāts pavards

קרש חיתוך

dēlis

מערוך

mīklas rullis

פותחן פקקים

korķu viļķis

פחית

bundža

פותחן קופסאות

konservu nazis

מטלית

virtuves cimdi

כיור

izlietne

מברשת

birste

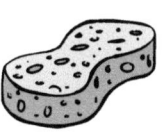

ספוג

sūklis

בלנדר

mikseris

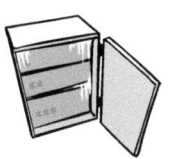

מקפיא

saldētava

בקבוק לתינוק

bērna pudelīte

ברז

ūdenskrāns

חדר אמבטיה
vannas istaba

חימום
apkure
מקלחת
duša
מגבת
dvielis
וילון מקלחת
dušas aizkari
אמבטיית קצף
vannas putas
אמבטיה
vanna
כוס
glāze
מכונת כביסה
veļas mašīna
ברז
ūdenskrāns
אריחים
flīzes
סיר לילה
podiņš
כיור
izlietne

אסלה
tualetes pods

אסלת כריעה
Āzijas tipa tualete

בידה
bidē

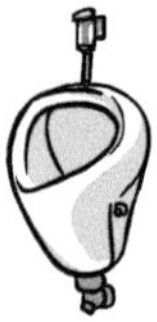

משתנה
pisuārs

נייר טואלט
tualetes papīs

מברשת אסלה
tualetes birste

מברשת שיניים
zobu birste

משחת שיניים
zobu pasta

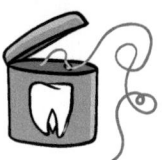

חוט דנטלי
zobu diegs

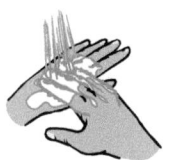

שטף
mazgāt

מקלחת יד
rokas duša

צינור שטיפה לשירותים
duša

קערת רחצה
bļoda

מברשת גב
muguras mazgāšanas birste

סבון
ziepes

ג'ל רחצה
dušas želeja

שמפו
šampūns

ליפה
mazgāšanas drāna

ניקוז
noteka

קרם
krēms

דיאודורנט
dezodorants

מראה

spogulis

מראת יד

spogulītis

סכין גילוח

skuveklis

קצף גילוח

skūšanās putas

אפטרשייב

losjons pēc skūšanās

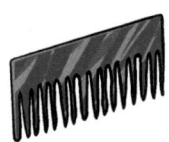

מסרק

ķemme

מברשת

matu suka

מייבש שיעור

matu fēns

ספריי לשיער

matu laka

איפור

grima komplekts

שפתון

lūpu krāsa

לק

nagulaka

צמר גפן

vate

מספריים לציפורניים

šķērītes

בושם

smaržas

תיק כלי רחצה

kosmētikas maks

שרפרף

ķeblītis

משקל

svari

חלוק רחצה

halāts

כפפות גומי

tīrīšanas cimdi

טמפון

tampons

תחבושת סניטרית

pakete

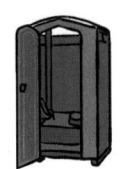

שירותים כימיקליים

ķīmiskā tualete

חדר ילדים

bērnu istaba

שעון מעורר
modinātājs
צעצוע חיבוק
mīkstā rotaļlieta
מכונית צעצוע
spēļu automašīna
רעשן
grabulis
בית בובות
leļļu māja
מתנה
dāvana

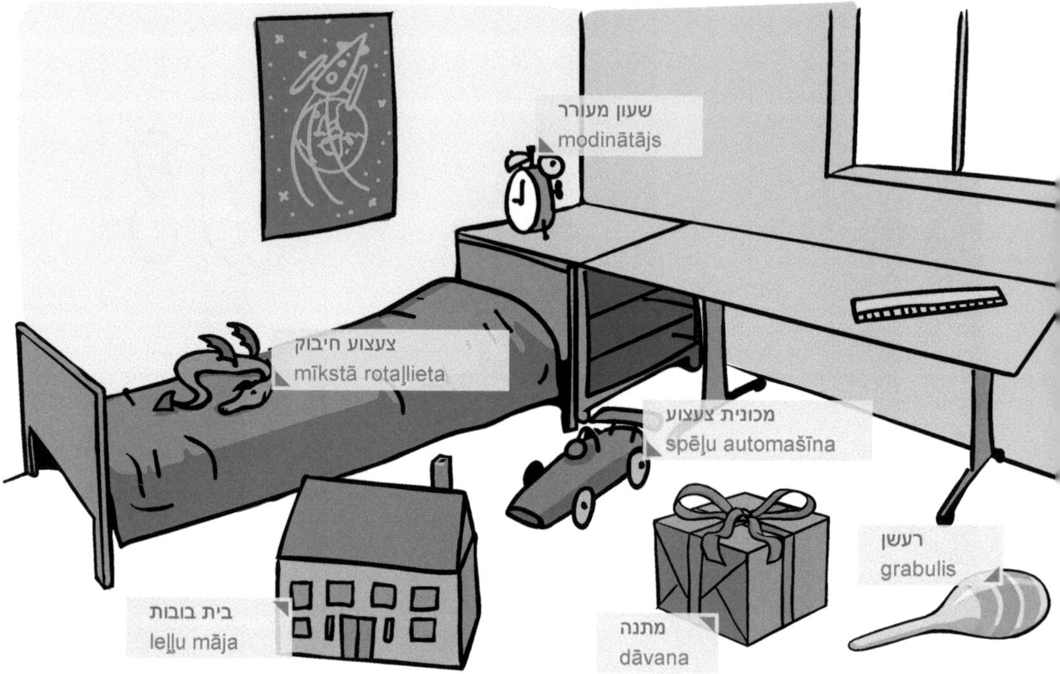

בלון
balons

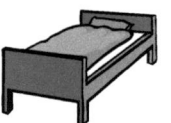

מיטה
gulta

עגלה
bērnu ratiņi

משחק קלפים
kārtis

פאזל
puzle

קומיקס
komikss

לגו
LEGO klucīši

קוביות משחק
klucīši

דמות משחק
varoņu figūra

סרבל תינוקות
rāpulītis

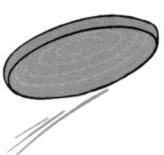

פריזבי
lidojošais šķīvītis

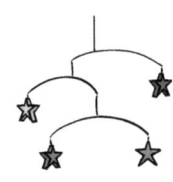

נייד
muzikālais karuselis

משחק לוח
galda spēle

קוביה
metamais kauliņš

רכבת צעצוע
rotaļu dzelzceļš

מוצץ
māneklis

מסיבה
ballīte

אלבום תמונות
bilžu grāmata

כדור
bumba

בובה
lelle

שיחק
spēlēt

ארגז חול

smilšu kaste

נדנדה

šūpoles

צעצועים

rotaļlietas

קונסולת משחקים

spēļu konsole

אופניים תלת גלגלי

trīsritenis

דובון

plīša lācītis

ארון בגדים

drēbju skapis

בגדים

apģērbs

גרביים

īszeķes

גרביונים

zeķes

גרביון

zeķbikses

צעיף
šalle

מטריה
lietussargs

חולצת טי
T-krekls

חגורה
siksna

נעלי ספורט
botas

מגפיים
zābaks

נעלי בית
čības

סנדלים
....
sandales

נעליים
....
kurpes

מגפי גומי
....
gumijas zābaki

תחתונים
....
apakšbikses

חזייה
....
krūšturis

וסט
....
apakškrekls

גוף

bodijs

מכנסיים

bikses

ג'ינס

džinsi

חצאית

svārki

חולצה מכופתרת

blūze

חולצה

krekls

אפודה

pulovers

סווצ'ר עם קפוצ'ון

džemperis

בלייזר

žakete

ז'קט

jaka

מעיל

mētelis

מעיל גשם

lietus mētelis

תלבושת

kostīms

שמלה

kleita

שמלת כלה

kāzu kleita

חליפה
uzvalks

כותונת לילה
naktskrekls

פיג'מה
pidžama

סארי
sari

מטפחת ראש
lakats

טורבן
turbāns

בורקה
burka

קאפטן
kaftāns

עבאיה
abaja

בגד ים
peldkostīms

בגד ים
peldbikses

מכנסיים קצרים
šorti

בגד אימון
treniņtērps

סינר
priekšauts

כפפות
cimdi

כפתור
poga

משקפיים
brilles

צמיד יד
rokassprādze

שרשרת
kaklarota

טבעת
gredzens

עגיל
auskars

כובע
cepure

קולב
drēbju pakaramais

כובע
platmale

עניבה
kaklasaite

רוכסן
rāvējslēdzējs

קסדה
ķivere

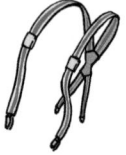

כתפיות
bikšturi

תלבושת בית ספר
skolas forma

מדים
uniforma

מפית אוכל

priekšautiņš

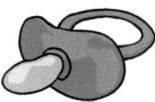

מוצץ

māneklis

חיתול

autiņbiksītes

משרד

birojs

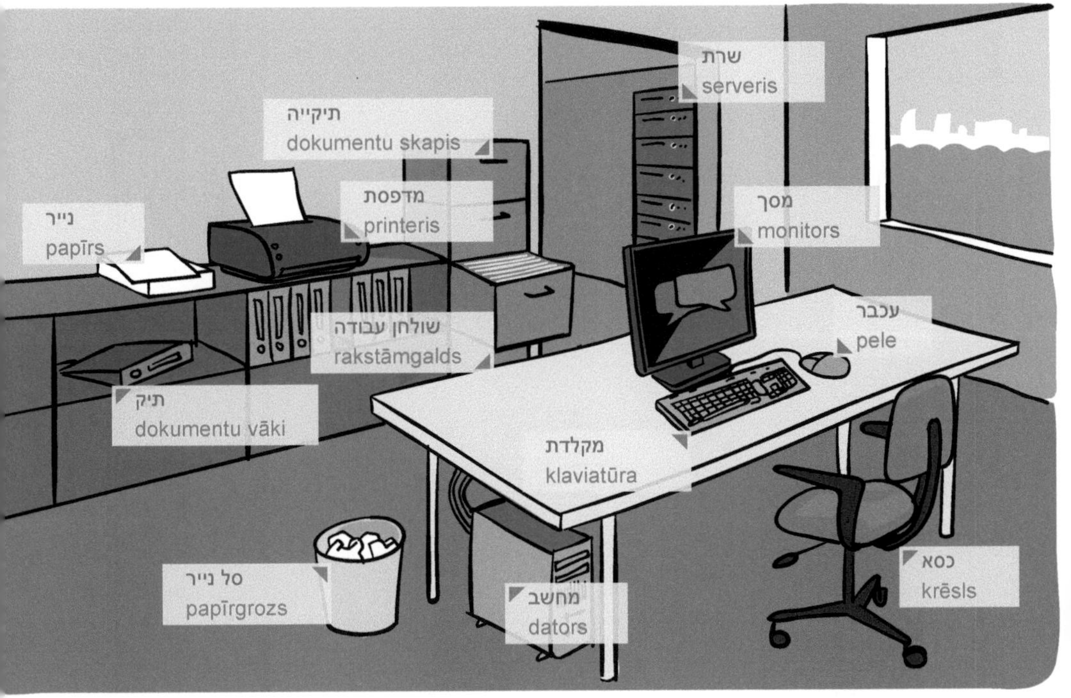

שרת
serveris

תיקייה
dokumentu skapis

מדפסת
printeris

מסך
monitors

נייר
papīrs

עכבר
pele

שולחן עבודה
rakstāmgalds

תיק
dokumentu vāki

מקלדת
klaviatūra

סל נייר
papīrgrozs

מחשב
dators

כסא
krēsls

ספל קפה

kafijas krūze

מחשבון

kalkulators

אינטרנט

internets

מחשב נייד

portatīvais dators

מכתב

vēstule

הודעה

ziņa

נייד

mobilais tālrunis

רשת

tīkls

מכונת צילום

kopētājs

תוכנה

programmatūra

טלפון

telefons

שקע

rozete

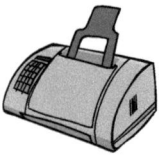

פקס

faksa aparāts

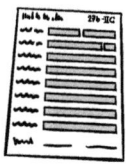

טופס

formulārs

מסמך

dokuments

כלכלה
ekonomika

קנה
pirkt

שילם
samaksāt

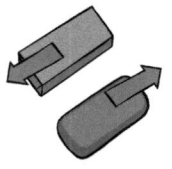

סחר
tirgot

כסף
nauda

USD

דולר
dolārs

EUR

יורו
eiro

JPY

ין
jēna

RUB

רובל
rublis

CHF

פרנק שווייצרי
franks

CNY

יואן רנמינבי
juaņa renminbi

INR

רופי
rūpija

כספומט
bankomāts

המרת מטבע

valūtas maiņas punkts

זהב

zelts

כסף

sudrabs

נפט

nafta

אנרגיה

enerģija

מחיר

cena

חוזה

līgums

מס

nodoklis

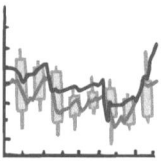

מנייה

akcija

עבד

strādāt

עובד

darbinieks

מעסיק

darba devējs

מפעל

fabrika

חנות

veikals

מקצועות
profesijas

שוטר
policists
כבאי
ugunsdzēsējs
טבח
pavārs
רופא
ārsts
טייס
pilots

גנן

dārznieks

נגר

galdnieks

תופרת

šuvēja

שופט

tiesnesis

כימאי

ķīmiķis

שחקן

aktieris

נהג אוטובוס

autobusa vadītājs

נהג מונית

taksometra vadītājs

דייג

zvejnieks

עובדת נקיון

apkopēja

מתקן גגות

jumiķis

מלצר

viesmīlis

צייד

mednieks

צייר

gleznotājs

אופה

maiznieks

חשמלאי

elektriķis

עובד בניין

celtnieks

מהנדס

inženieris

קצב

miesnieks

אינסטלטור

skārdnieks

דוור

pastnieks

חייל

karavīrs

אדריכל

arhitekts

קופאי

kasieris

מוכר פרחים

florists

ספר

frizieris

כרטיסן

konduktors

מכונאי

mehāniķis

קברניט

kapteinis

רופא שיניים

zobārsts

מדען

zinātnieks

רב

rabīns

אימאם

imāms

נזיר

mūks

כומר

mācītājs

כלי עבודה
instrumenti

פטיש
āmurs
צבת
knaibles
מברג
skrūvgriezis
מפתח ברגים
uzgriežņu atslēga
פנס
kabatas lukturīt

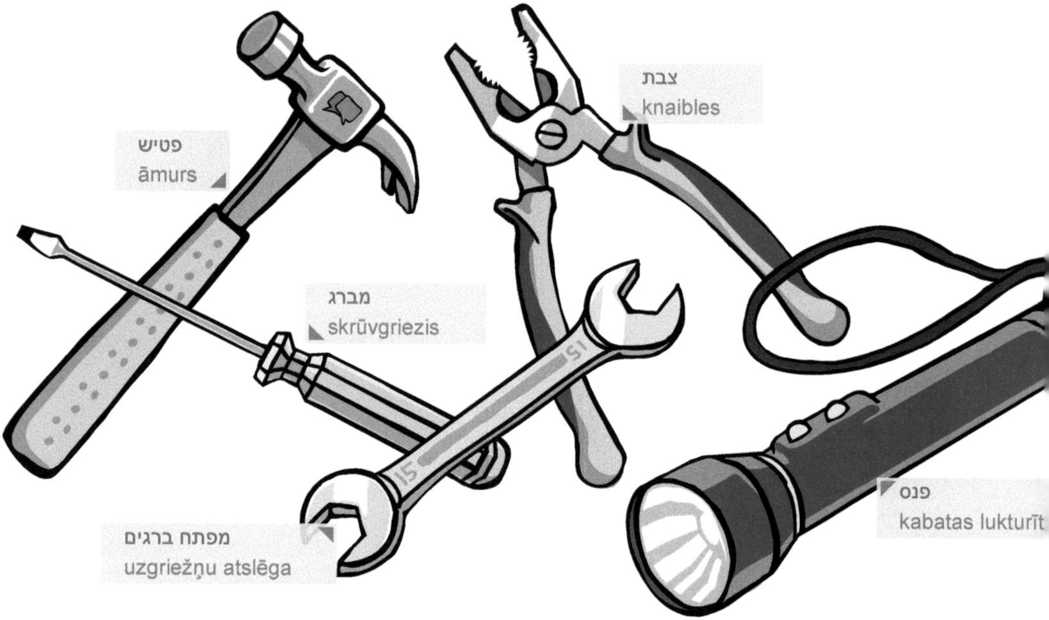

דחפור

ekskavators

ארגז כלים

instrumentu kaste

סולם

kāpnes

מסור

zāģis

מסמרים

naglas

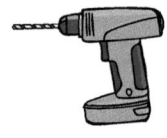

מקדחה

urbis

תיקן

remontēt

את חפירה

lāpsta

לעזאזל!

Velns!

יעה

liekšķere

פח צבע

krāsas bundža

ברגים

skrūves

כלי נגינה
mūzikas instrumenti

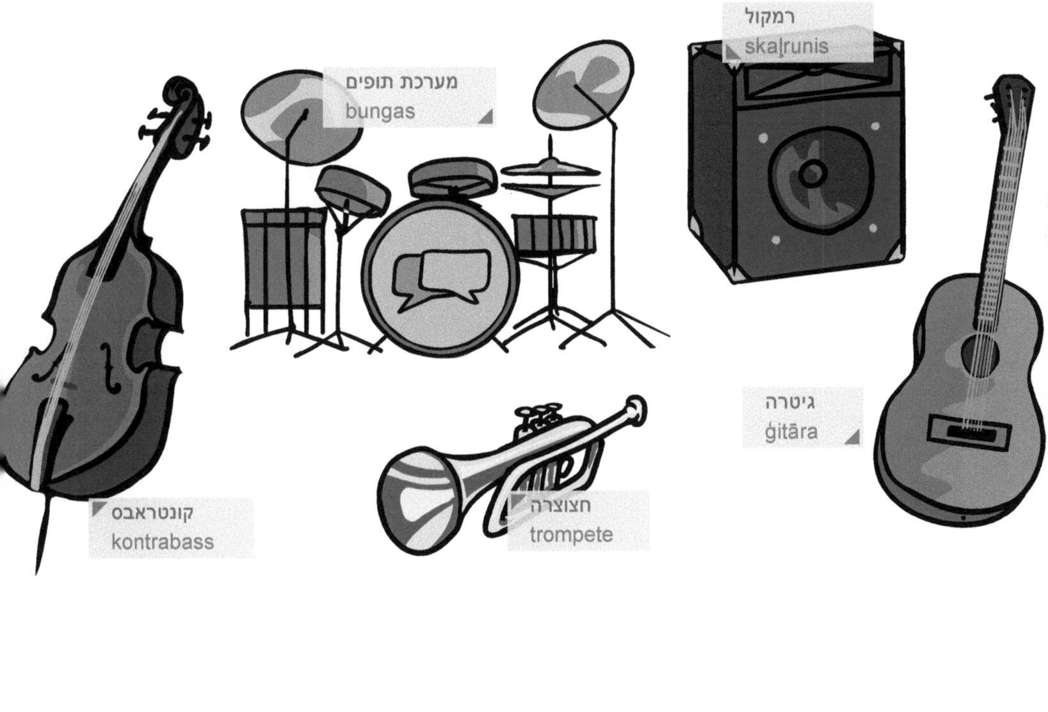

רמקול
skaļrunis
מערכת תופים
bungas
גיטרה
ģitāra
קונטראבס
kontrabass
חצוצרה
trompete

פסנתר

klavieres

כינור

vijole

בס

bass

תוף הדוד

timpāni

תופים

bungas

מקלדת פסנתר

digitālās klavieres

סקסופון

saksofons

חליל

flauta

מיקרופון

mikrofons

גן חיות
zooloģiskais dārzs

כניסה
ieeja
נמר
tīgeris
כלוב
būris
זברה
zebra
מזון לחיות
dzīvnieku barība
פנדה
panda

בעלי חיים
dzīvnieki

פיל
zilonis

קנגרו
ķengurs

קרנף
degunradzis

גורילה
gorilla

דוב
lācis

גמל

kamielis

יען

strauss

אריה

lauva

קוף

pērtiķis

פלמינגו

flamings

תוכי

papagailis

דוב הקרח

polārlācis

פינגווין

pingvīns

כריש

haizivs

טווס

pāvs

נחש

čūska

תנין

krokodils

שומר גן החיות

zoodārza sargs

כלב ים

ronis

יגואר

jaguārs

סוס פוני

ponijs

לאופרד

leopards

היפופוטאם

nīlzirgs

ג'ירפה

žirafe

נשר

ērglis

חזיר בר

meža cūka

דג

zivs

צב

bruņurupucis

סוס ים

valzirgs

שועל

lapsa

איילה

gazele

ספורט

sports

פוטבול אמריקאי
amerikāņu futbols
רכיבת אופניים
riteņbraukšana
טניס
teniss
כדורסל
basketbols
שחיה
peldēšana
אגרוף
bokss
הוקי
hokejs

כדורגל

futbols

בדמינטון

badmintons

אתלטיקה

vieglatlētika

כדור-יד

rokas bumba

עשה סקי

slēpošana

פולו

polo

פעילויות

darbības

צחק
smieties
קפץ
lēkt
חיבק
apskaut
הלך
iet
שר
dziedāt
חלם
sapņot
התפלל
lūgt
נשק
skūpstīt

כתב
rakstīt

צייר
zīmēt

הראה
rādīt

דחף
spiest

נתן
dot

לקח
ņemt

יש / להיות הבעלים

būt

עשה

darīt

היה

būt

עמד

stāvēt

רץ

skriet

משך

vilkt

זרק

mest

נפל

krist

שכב

gulēt

חיכה

gaidīt

סחב

nest

ישב

sēdēt

התלבש

uzģērbt

ישן

gulēt

התעורר

pamosties

הסתכל ב-

skatīties

בכה

raudāt

ליטף

glāstīt

סירק

ķemmēt

דיבר

runāt

הבין

saprast

שאל

jautāt

שמע

dzirdēt

שתה

dzert

אכל

ēst

סידר

sakārtot

אהב

mīlēt

בישל

vārīt

נהג

braukt

עף

lidot

שט

burot

חישב

rēķināt

קרא

lasīt

למד

mācīties

עבד

strādāt

התחתן

precēties

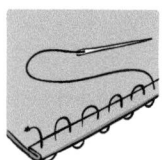

תפר

šūt

ציחצח שיניים

tīrīt zobus

הרג

nogalināt

עישן

smēķēt

שלח

sūtīt

משפחה
ģimene

סבתא
vecāmāte
סבא
vectēvs
אבא
tēvs
אימא
māte
תינוק
mazulis
בת
meita
בן
dēls

אורח

viesis

דודה

tante

דוד

onkulis

אח

brālis

אחות

māsa

גוף
ķermenis

מצח
piere
עין
acs
פנים
seja
סנטר
zods
חזה
krūtis
אצבע
pirksts
כף יד
roka
זרוע
roka
כתף
plecs
רגל
kāja

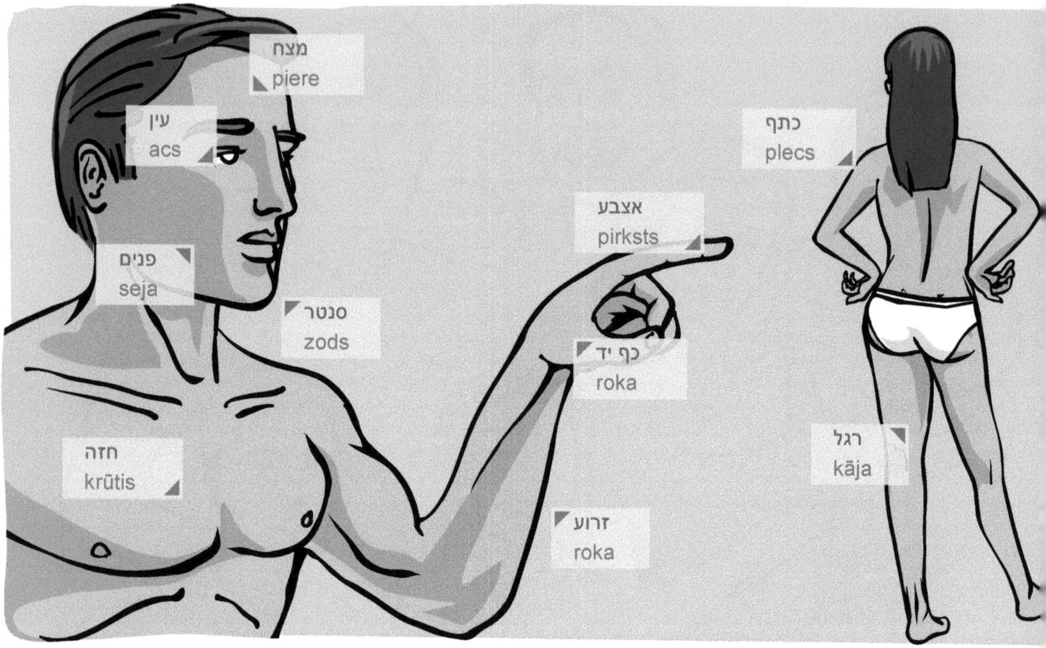

תינוק
mazulis

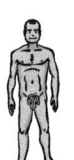

איש
vīrietis

אישה
sieviete

ילדה
meitene

ילד
zēns

ראש
galva

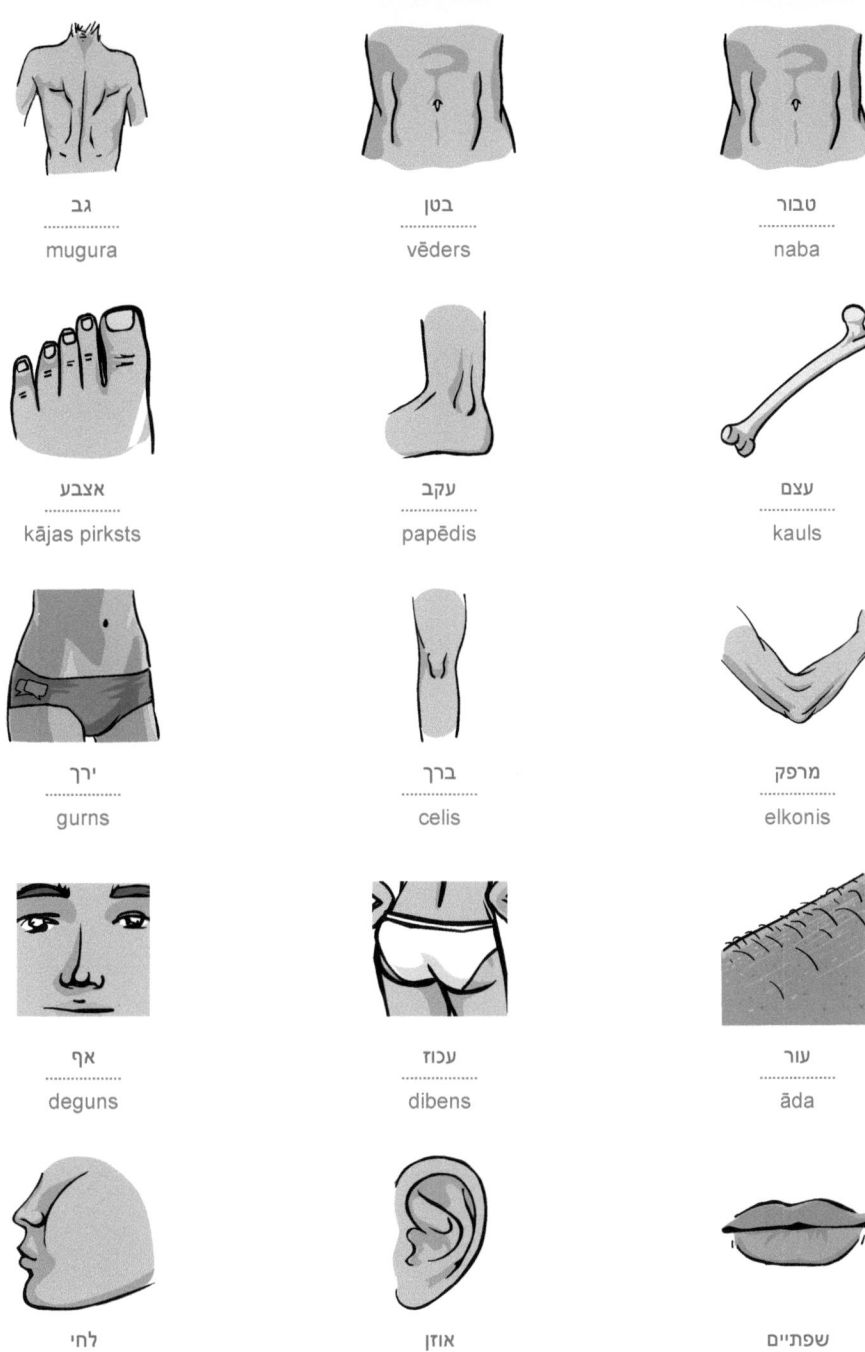

גב	בטן	טבור
mugura	vēders	naba

אצבע	עקב	עצם
kājas pirksts	papēdis	kauls

ירך	ברך	מרפק
gurns	celis	elkonis

אף	עכוז	עור
deguns	dibens	āda

לחי	אוזן	שפתיים
vaigs	auss	lūpa

פה

mute

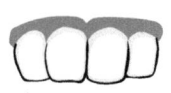

שן

zobs

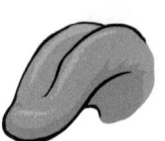

לשון

mēle

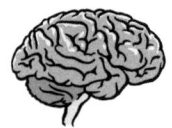

מוח

smadzenes

לב

sirds

שריר

muskulis

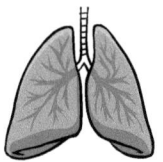

ריאה

plaušas

כבד

aknas

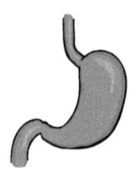

קיבה

kuņģis

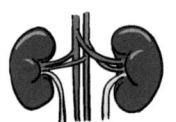

כליות

nieres

מין

dzimumakts

קונדום

kondoms

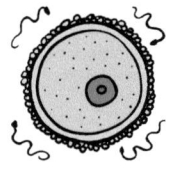

ביצית

olšūna

זרע

sperma

הריון

grūtniecība

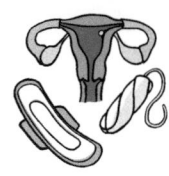

ווסת

menstruācijas

נרתיק

vagīna

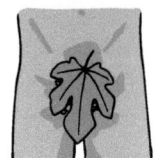

פין

penis

גבה

uzacs

שיער

mati

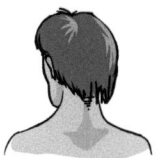

צוואר

kakls

בית חולים
slimnīca

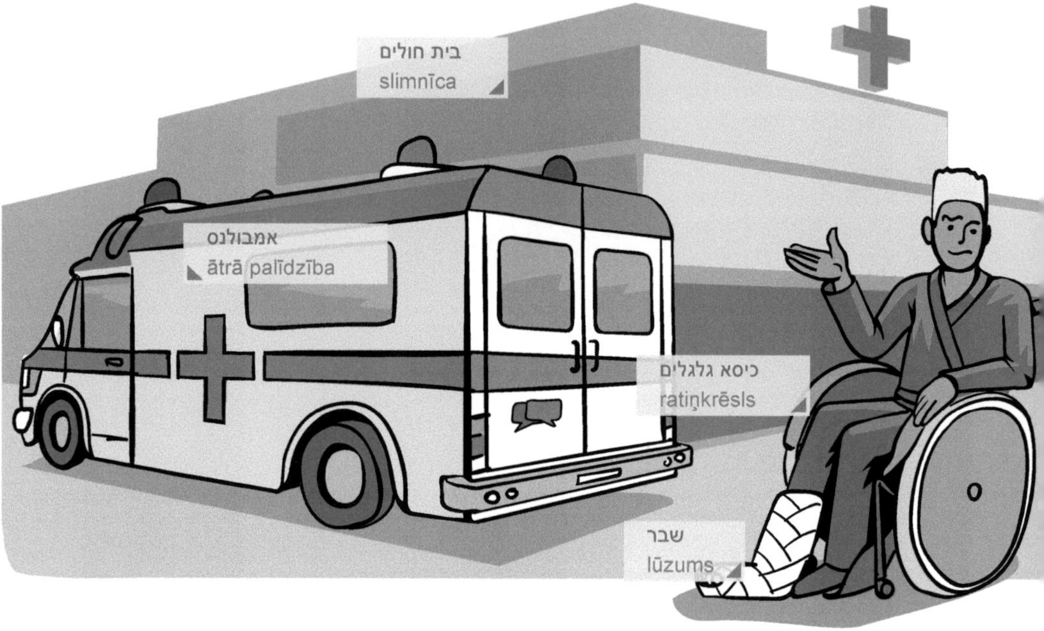

בית חולים
slimnīca
אמבולנס
ātrā palīdzība
כיסא גלגלים
ratiņkrēsls
שבר
lūzums

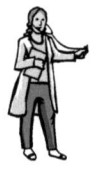

רופא

ārsts

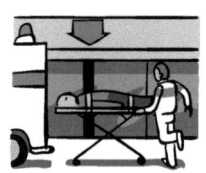

חדר מיון

neatliekamās palīdzības nodaļa

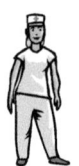

אחות

medmāsa

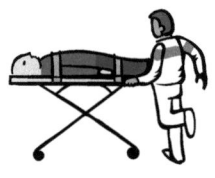

חירום

ārkārtas gadījums

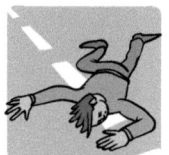

חסר הכרה

paģībis

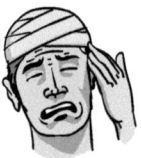

כאב

sāpes

פציעה

ievainojums

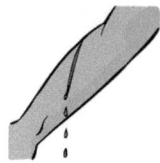

דימום

asiņošana

התקף לב

sirdslēkme

שבץ

insults

אלרגיה

alerģija

שיעול

klepus

חום

temperatūra

שפעת

gripa

שלשול

caureja

כאב ראש

galvassāpes

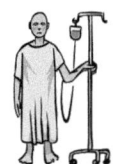

סרטן

vēzis

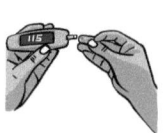

סוכרת

diabēts

מנתח

ķirurgs

אזמל

skalpelis

ניתוח

operācija

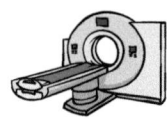

סי-טי

datortomogrāfija

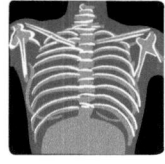

רנטגן

rentgents

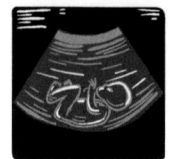

אולטרסאונד

ultraskaņa

מסיכת פנים

sejas maska

מחלה

slimība

חדר המתנה

uzgaidāmā telpa

קבה

kruķis

פלסטר

plāksteris

תחבושת

apsējs

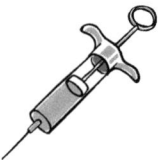

זריקה

injekcija

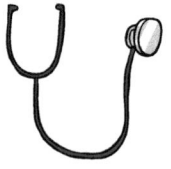

סטטוסקופ

stetoskops

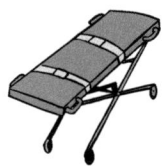

אלונקה

nestuves

מד חום

termometrs

לידה

dzemdības

עודף משקל

liekais svars

מכשיר שמיעה

dzirdes aparāts

מחטא

dezinfekcijas līdzeklis

זיהום

infekcija

נגיף

vīruss

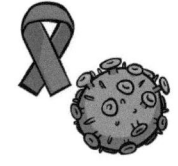

איידס

HIV / AIDS

תרופה

zāles

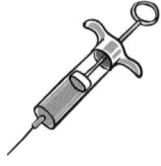

חיסון

pote

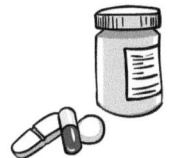

טבליות

tabletes

גלולה

pretapaugļošanās tablete

קריאת חירום

ārkārtas izsaukums

מד לחץ דם

asinsspiediena mērītājs

חולה / בריא

slims / vesels

חירום
ārkārtas gadījums

הצילו!

Palīgā!

אזעקה

trauksme

פשיטה

uzbrukums

תקיפה

uzbrukums

סכנה

bīstamība

יציאת חירום

avārijas izeja

אש!

Uguns!

מטף כיבוי

ugunsdzēšamais aparāts

תאונה

negadījums

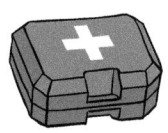

ערכת עזרה ראשונה

pirmās palīdzības aptieciņa

הצילו!

SOS

משטרה

policija

כדור הארץ

zeme

אירופה

....

Eiropa

צפון אמריקה

....

Ziemeļamerika

דרום אמריקה

....

Dienvidamerika

אפריקה

....

Āfrika

אסיה

....

Āzija

אוסטרליה

....

Austrālija

האוקיינוס האטלנטי

....

Atlantijas okeāns

האוקיינוס השקט

....

Klusais okeāns

האוקיינוס ההודי

....

Indijas okeāns

האוקיינוס האנטרקטי

....

Dienvidu okeāns

האוקיינוס הארקטי

....

Ziemeļu ledus okeāns

הקוטב הצפוני

....

Ziemeļpols

כדור הארץ

zeme

אנטארקטיקה

Antarktika

הקוטב הדרומי

Dienvidpols

אי

sala

ים

jūra

אדמה

zeme

מדינה

valsts

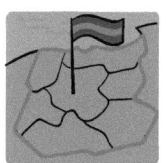

לאום

nācija

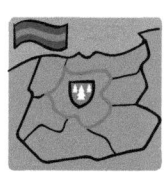

שעון
pulkstenis

פני השעון

ciparnīca

מחוג השעות

stundu rādītājs

מחוג הדקות

minūšu rādītājs

מחוג השניות

sekunžu rādītājs

?מה השעה

Cik ir pulkstenis?

יום

diena

זמן

laiks

עכשיו

tagad

שעון דיגיטלי

digitālais pulkstenis

דקה

minūte

שעה

stunda

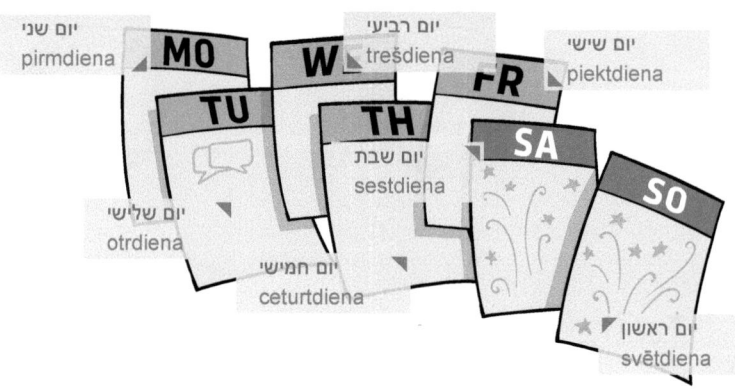

שבוע
nedēļa

MO
TU
W
TH
FR
SA
יום שני
pirmdiena
יום שלישי
otrdiena
יום רביעי
trešdiena
יום חמישי
ceturtdiena
יום שישי
piektdiena
יום שבת
sestdiena
יום ראשון
svētdiena

21

אתמול

vakardien

2

היום

šodien

3

מחר

rītdien

בוקר

rīts

צהריים

pusdienlaiks

ערב

vakars

MO TU WE TH FR SA SU
1 2 3 4 5 6 7
8 9 10 11 12 13 14
15 16 17 18 19 20 21
22 23 24 25 26 27 28
29 30 31 1 2 3 4

ימי עבודה

darbadienas

MO TU WE TH FR SA SU
1 2 3 4 5 6 7
8 9 10 11 12 13 14
15 16 17 18 19 20 21
22 23 24 25 26 27 28
29 30 31 1 2 3 4

סוף שבוע

brīvdienas

שנה
gads

קשת בענן
varavīksne
גשם
lietus
שלג
sniegs
רוח
vējš
אביב
pavasaris
סתיו
rudens
קיץ
vasara
חורף
ziema

4.APRIL 11°
5.APRIL 4°
6.APRIL 13°
7.APRIL 8°
8.APRIL 10°

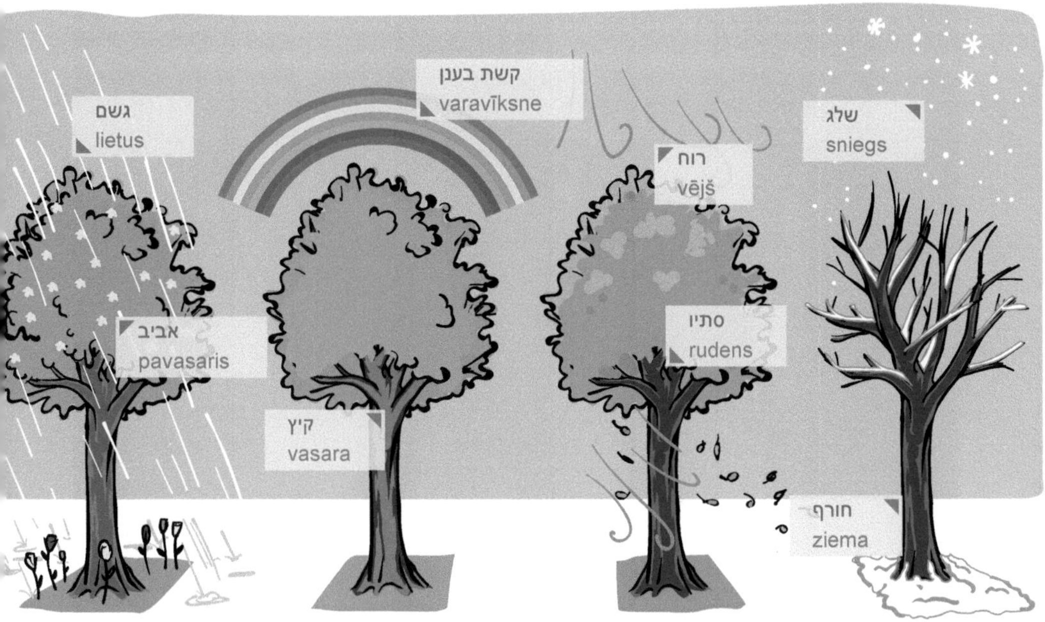

תחזית מזג האוויר
....
laika prognoze

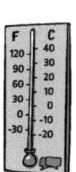

מד חום
....
termometrs

אור שמש
....
saules gaisma

ענן
....
mākonis

ערפל
....
migla

לחות
....
gaisa mitrums

ברק

zibens

רעם

pērkons

סערה

vētra

ברד

krusa

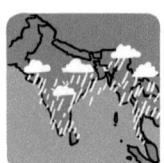

רוח עונתי

musons

שיטפון

plūdi

קרח

ledus

ינואר

janvāris

פברואר

februāris

מרץ

marts

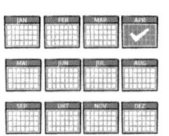

אפריל

aprīlis

מאי

maijs

יוני

jūnijs

יולי

jūlijs

אוגוסט

augusts

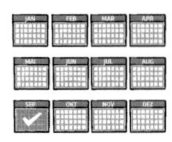

ספטמבר

septembris

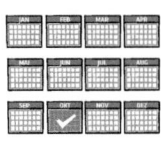

אוקטובר

oktobris

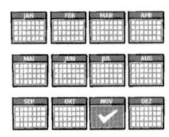

נובמבר

novembris

דצמבר

decembris

צורות

formas

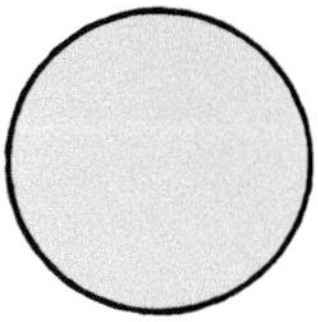

עיגול

aplis

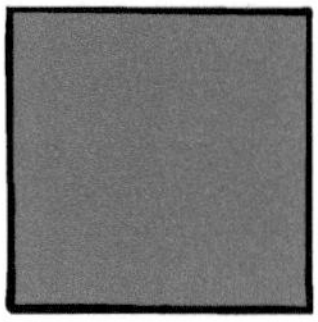

מרובע

kvadrāts

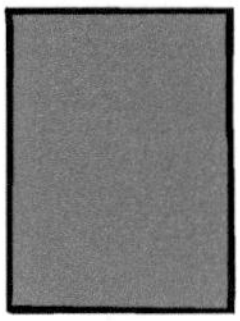

מלבן

četrstūris

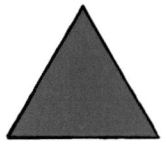

משולש

trīsstūris

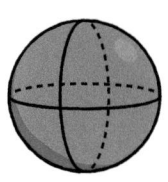

כדור

lode

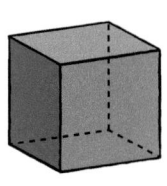

קובייה

kubs

צבעים
krāsas

לבן

balts

צהוב

dzeltens

כתום

oranžs

ורוד

sārts

אדום

sarkans

סגול

lillā

כחול

zils

ירוק

zaļš

חום

brūns

אפור

pelēks

שחור

melns

הפכים

pretstati

הרבה / מעט

daudz / maz

כועס / רגוע

saniknots / miermīlīgs

יפה / מכוער

skaists / neglīts

התחלה / סוף

sākums / beigas

גדול / קטן

liels / mazs

בהיר / כהה

gaišs / tumšs

אח / אחות

brālis / māsa

נקי / מלוכלך

tīrs / netīrs

שלם / חלקי

pilnīgs / nepilnīgs

יום /לילה

diena / nakts

מת / חי

miris / dzīvs

רחב / צר

plats / šaurs

אכיל / לא אכיל

baudāms / nebaudāms

רשע / טוב לב

nikns / laipns

מתרגש / משועמם

satraukts / garlaikots

שמן / רזה

resns / tievs

ראשון / אחרון

pirmais /pēdējais

חבר / אויב

draugs / ienaidnieks

מלא / ריק

pilns / tukšs

קשה / רך

ciets / mīksts

כבד / קל

smags / viegls

רעב / צמא

izsalkums / slāpes

חולה / בריא

slims / vesels

בלתי-חוקי / חוקי

nelegāls / legāls

נבון / טיפש

inteliģents / dumjš

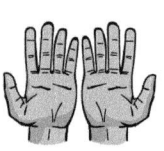

שמאל / ימין

kreisais / labais

קרוב / רחוק

tuvu / tālu

חדש / משומש

jauns / lietots

כלום / משהו

nekas / kaut kas

זקן / צעיר

vecs / jauns

פעיל / כבוי

ieslēgts / izslēgts

פתוח / סגור

atvērts / slēgts

שקט / רועש

kluss / skaļš

עשיר / עני

bagāts / nabags

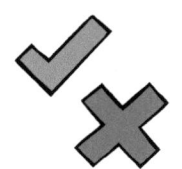

נכון / שגוי

pareizi / nepareizi

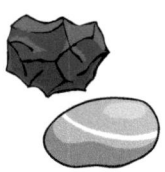

מחוספס / חלק

raupjš / gluds

עצוב / שמח

noskumis / laimīgs

קצר / ארוך

īss / garš

איטי / מהיר

lēns / ātrs

רטוב / יבש

slapjš / sauss

חם / קר

silts / vēss

מלחמה / שלום

karš / miers

מספרים
skaitļi

0	1	2
אפס	אחת	שתיים
nulle	viens	divi
3	4	5
שלוש	ארבע	חמש
trīs	četri	pieci
6	7	8
שש	שבע	שמונה
seši	septiņi	astoņi
9	10	11
תשע	עשר	אחת-עשרה
deviņi	desmit	vienpadsmit

12

שתים-עשרה

....

divpadsmit

13

שלוש-עשרה

....

trīspadsmit

14

ארבע-עשרה

....

četrpadsmit

15

חמש-עשרה

....

piecpadsmit

16

שש-עשרה

....

sešpadsmit

17

שבע-עשרה

....

septiņpadsmit

18

שמונה-עשרה

....

astoņpadsmit

19

תשע-עשרה

....

deviņpadsmit

20

עשרים

....

divdesmit

100

מאה

....

simts

1.000

אלף

....

tūkstotis

1.000.000

מיליון

....

miljons

שפות
Valodas

אנגלית

angļu

אנגלית אמריקאית

amerikāņu angļu

סינית מנדרינית

ķīniešu mandarīnu valoda

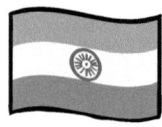

הודית

hindi

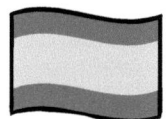

ספרדית

spāņu

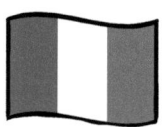

צרפתית

franču

ערבית

arābu

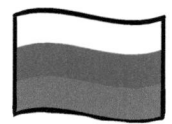

רוסית

krievu

פורטוגזית

portugāļu

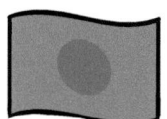

בנגלית

bengāļu

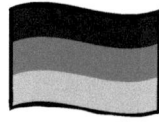

גרמנית

vācu

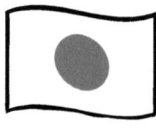

יפנית

japāņu

מי / מה / איך
kas / ko / kā

אני

es

אתה / את

tu

הוא / היא / זה

viņš / viņa

אנחנו

mēs

אתם

jūs

הם

viņi / viņas

מי?

kas?

מה?

ko?

איך?

kā?

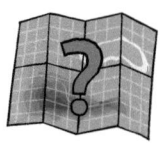

איפה?

kur?

מתי?

kad?

שם

vārds

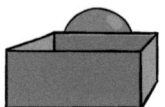

איפה
kur

מאחור

aiz

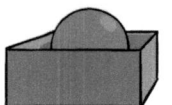

בתוך

iekšā

לפני

priekšā

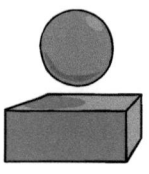

מעל

virs

על

uz

מתחת

zem

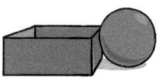

ליד

blakus

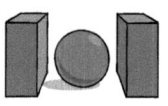

בין

starp

מקום

vieta